Fables

© 2018, Christian Lemarcis

Edition : Books on Demand,
12/14 rond-Point des Champs-Elysées, 75008 Paris
Impression : BoD - Books on Demand, Norderstedt, Allemagne
ISBN : 9782322164363
Dépôt légal : Octobre 2018

Christian Lemarcis

Fables

© Le Bel Ami

Du même auteur :

Un hiver aux Canaries
La rumeur de l'aube
Jardins à la française
Les Hirondelles voyagent en couple
Nos larmes ne sont pas éternelles
Le sang de nos sillons
Nous aussi nous parlâmes de l'aurore
Les ombres fugitives
Demain fut une autre nuit
Collection particulière
Nous deux
Molière
La mouette de Tchekhov
Requiem pour une vierge folle (Tombeau d'Emily Dickinson)
Les clous dans la tête
Plaidoyer pour l'errance
Ce ne fut qu'une courte promenade
Lancelot
Enfin la nuit
La rage de mourir
Théâtre complet (2 tomes parus)
Poésies complètes

Épître à Jean de La Fontaine

Que j'aime, La Fontaine, en chantant tes louanges
Flatter le bel esprit dans toute sa grandeur
Ta muse toujours gaie éveille avec ardeur
Nos âmes aux splendeurs dignes d'un Michel-Ange

Tes fables inspirées, fragments d'éternité,
Ont conquis tous les cœurs, gagner tous les suffrages ;
On les entend toujours psalmodiées à tout âge ;
De l'école au lycée, nul n'y peut résister.

De vilains rimailleurs jalousant tes succès
Ont cru, en t'imitant, t'en disputer la gloire ;
Ils n'ont su retirer dans leurs méchants forfaits
Que mépris et huées et que piteux pourboires.

Jamais ô grand jamais, le royaume des lettres
N'aura couronné prince aussi plaisant et beau,
Hormis Victor Hugo et Molière peut-être
Et cet astre éphémère au nom d'Arthur Rimbaud.

Au firmament lointain scintillent mille étoiles ;
L'océan fait rouler des flots ensorcelés ;
L'écho jaillit des monts, des volcans la fumée ;
Le divin dans tes vers ondule et se dévoile.

Ce soir notre théâtre, aux fastes rutilants,
Paré comme il se doit des habits du dimanche,
Ouvre grande sa porte et donne carte blanche
À Jean de La Fontaine, un génie insolent.

I
L'Œuf et la Poule

Dame poule avait pondu et couvé à grand mal
De nombreux œufs sans fruit. « Qu'est-ce cela, fit-elle,
Je ponds dix œufs à l'heure et ils ne donnent rien ! »
L'ancienne consultée lui dit d'un ton badin :
« Le nombre y suffit guère : il faut un coq sous l'aile.
Si nul ne vous le dit, vous ne le saurez point :
Rien ne sert de couver, il vous faut pondre à point ! »

II
L'Âne souverain

Un âne, devenu roi
Quand vint du lion le trépas,
Décréta l'ignorance
Illégale en sa cour.
« Je veux que, de l'enfance
À l'âge mûr,
Nul ne vive hors des sciences
Des arts et des cultures. »
Et pour marquer sa volonté -
Superbe trait d'autorité ! -
Bâtit un temple du savoir,
Détruisant pour ce faire
Une école élémentaire.
Qui élit l'âne en son fief
Porte le bonnet sur son chef.

III
Le Crapaud et les édiles

Un crapaud, émoulu de sa mare natale,
S'en vint un jour visiter la capitale
De Gironde. Grand crapaud au pays des crapauds !
Aussi tous les élus, jaquettes et chapeaux,
S'en vinrent accueillir le monarque en personne.
On donna ce soir-là un dîner de couronnes
Et fit du batracien grand-croix de la légion
D'honneur. Jamais, dit-on, plus belle réception
N'avait été donnée, pas même à l'Élysée !

Petits fours engloutis et gorges apaisées,
Le maire tint discours. Ce fut un grand discours
De mémoire d'électeurs, digne de feu la cour
Du roi Sarko qui fit métier de séduire,
Mi charmeur, mi serpent, mais toujours à médire.
Le protocole fit que le crapaud parlât :
On l'acclama, on l'adula,... il coassa.

La politique est une éternelle patouille :
Où le crapaud fait loi, règne la grenouille.

IV
Le Loup et l'enfant

Lorsqu'au fond de son charnier atroce
Le loup repu, sinistre, féroce,
Vit venir à lui un enfant nu,
Il eut un sourire saugrenu,
Se disant « l'ange vient à la bête »
L'enfant cependant lui fit fête.
Ce grand chien lui paraissait si laid
Et son visage si contrefait
Qu'il voulut de son état sordide,
Le sauver. Les enfants sont candides !
Le loup fit un frugal dîner
De l'ange blond qui le voulait aimer.

Ainsi sont les puissants du monde :
Offrez-leur votre amitié féconde,
Aimez-les, couvrez-les de baisers,
Toujours ils viendront vous dévorer.

V
Le Lion et le Baudet

Le roi des animaux palois, à Carrefour
Rencontre son rival aux élections prochaines
Qui pousse son caddie : « Cher âne, mon amour,
Lui dit-il, devisons. Viens. Romps un peu tes chaînes. »
Le baudet obéit. « Crois-tu vaincre un lion ?
Crois-tu que mon bon peuple ira pour toi aux urnes ?
Vois, considère-toi, blafard et taciturne,
Tu effraies l'électeur au soir de l'élection. »
L'âne n'objecte point et haussant les épaules
Poursuit ses commissions, nonchalant et distrait.

Le jour fatal arrive : on vote sans arrêt.
Aucune abstention – cela tient du prodige.
Ce fut en somme un jour mémorable, que dis-je ?
Historique ! L'on dépouilla jusqu'au matin.
L'âne sortit vainqueur – qui l'eût cru ? – du scrutin.

Dans ce monde incertain, nul n'est indispensable,
Sujet du vent, on n'est jamais que grain de sable
Et l'on trouve toujours, à quel poste qu'on soit,
Pour tenir son emploi un plus baudet que soi.

VI
L'Âne docteur

Un âne ayant coiffé le bonnet de médecin
S'en allait par la ville ausculter ses malades.
Chacun le visitait comme on visite un saint,
Respectait ses avis, l'acclamait au passage.
En un mot, son prestige était où il lui gratte.

Le maire du palais, sentant poindre la mort,
Fit appeler à son chevet notre Hippocrate :
« Vous êtes, lui dit-il, un homme fort habile.
Vos prescriptions, en conjurant le sort,
Font merveille et miracle en notre bonne ville.
Je suis faible et vieux, las et reclus de maux,
Donnez-moi quelque onguent de votre fantaisie,
Qui fasse avant le soir je sois ragaillardi.
Je suis homme fort riche et vous n'êtes point sot :
Là, rajeunissez-moi de vingt ou trente années
Et mon argent - foi d'orateur ! - est à vos pieds.

L'appât du gain, hélas, chatouille bien des cœurs
Et l'argent sait gagner ce que défend l'honneur.
C'est Carthage humiliée devant Rome
Et la vertu souillée aux rives de l'Oronte !

Notre âne tout docteur n'en était pas moins homme.
« Après tout, se dit-il, richesse n'est pas honte ! »
Il fit si bien, prescrivit maintes potions,
Pommades et onguents, gélules et lotions,

Pilules et cachets, nombre suppositoires,
Que l'édile creva avant que vînt le soir.

Combien sont-ils, de part la cour, de part la ville,
Qui s'affublant d'une gloire inutile,
Soldent la main au cœur aux chalands médusés
Les louanges d'un art à d'autres usurpé ?

VII
D'un Lion qui prenait sa retraite

Sire Lion, quand vint l'âge de la retraite,
Reçut de ses féaux maints présents merveilleux.
L'Ours lui offrit un sac, le Singe un couvre-tête,
La Vipère et le Loup des rubis somptueux,
La Girafe apporta un fichu en dentelles,
Le Lièvre et le Chasseur une blague à tabac,
La Gazelle, en amie, lui offrit un repas
Et l'Âne vit venir un grand feu d'étincelles
De l'Élysée. Chacun, pour cet événement,
Fit exploser sa bourse. On ne vit de rancune !
De tous les courtisans, seul Renard fit serment
De ne point dépenser un cent de sa fortune
Pour louer le départ du prince des tyrans.
« Quoi, dit-il, on le hait, chacun le veut maudire,
Et tous vont le baiser. Je ne suis de ces gens,
Qui par hypocrisie, font devant maints sourires
Et grimaces derrière. Infidèles à leur cœur,
Pour un siège au conseil, ils soldent leur honneur. »

Je hais comme Goupil ces animaux sans mœurs
Qui lèchent le museau de celui qui les mord.

VIII
Le Serpent charmeur

Le Serpent, c'est connu,
Désire qu'on le charme :
Jamais il ne se pâme
Tant que lorsqu'il est nu
Devant ses courtisanes
Au son de son pipeau.
Il y a bien des ânes
En la cité de Pau,
Au lendemain des urnes,
Qui souffriront des burnes
Pour avoir tant charmé
Qui les auront piqués.

IX
L'Âne et le Serpent rivaux de la Grenouille

En politique, hélas, quand point à l'horizon
La place désirée,
La trahison tient lieu de légitimité.
Au-delà de toute raison,
Plus que désir, que foi, plus que méchanceté,
Elle attise les feux de la cupidité.

Il était une fois, au sein d'une cité
Dont je tairai le nom
(Châtiment vaut leçon !),
Trois rivaux patentés
Qui briguaient tous trois un siège à l'Assemblée :
Sire Âne en premier, le cul bien amarré
Sur le trône divin qu'il avait usurpé ;
Son ancienne compagne était Dame Grenouille,
Malheureuse dauphine aux aigreurs tourmentées ;
Le troisième larron de la principauté,
Redoutable sans doute et ainsi redouté,
Mi-Charmeur mi-Serpent était... qui vous savez.
Tous trois très beaux seigneurs qui roulaient en citrouille !
On fit un bal où vint toute la communauté
De tous les courtisans de la cité promise.
Spectacle édifiant et leçon de traîtrise :
Chacun dansa, flirta, qui avec la promise,
Qui avec les promis, soutanes et marquises,
Valse de corbeaux, menuet de menteurs,
Ce fut un beau quadrille où chacun fut flatteur

Et chacune flattée !

Qui des trois, selon vous, du scrutin fut vainqueur ?
Grenouille, Âne, Charmeur ?
Que nenni, monseigneur :
Ce fut Dame Convoitise qui gagna les cœurs.

X
Le Chien russe

Prends garde, me dit-on,
Tu exerces ta verve
Un peu trop librement ;
La foudre des puissants
Pourrait, pauvre manant,
S'ils agitent leurs verges,
Te jeter en prison.
Hélas ! j'en suis conscient :
Si dans leur jeu de quilles,
Je deviens leur mignon,
J'irais droit en prison.
Mais si l'on m'embastille,
J'aurais pour compagnon
Tartuffe et Mascarille.

Un chien russe, ayant fui ses frontières
Vint se réfugier chez un de ses compères
De Lescar.
« Que diable, s'écria l'hôte du Béarn,
Je te vois gros et gras, la mine résolue,
Beau comme un ortolan et la croupe velue...

Je me demande alors : pourquoi cet Artaban
A-t-il fui sa nichée ? Quel intrépide élan,
Funeste et insensé, pousse ce pauvre hère,
Loin de l'amour des siens, des baisers d'une mère,
À déserter ? »

L'autre répond : « Las, il est vrai, j'avais un gîte
Tout confort, mes repas,… existence bénite !
Mais qu'il est fort le besoin d'aboyer ».

XI
La Fourmi spéculatrice

La fourmi ayant spéculé,
Tout l'été,
Se trouva fort gênée
Quand vint le krach général.
Elle alla chez la cigale,
Sa rivale,
Lui mandant par pitié
Quelques yens
Pour subsister
Jusqu'à la liquidation prochaine.
« La bourse a sauté,
lui dit-elle,
Je suis à sec, ruinée
Et ne sais quel crédit faire appel.
La cigale, dont l'esprit est taquin,
Eut un rire mutin.
« Quel dommage !
Je voudrais bien t'aider
Mais l'OPB m'a licenciée
Et je suis au chômage. »
« Que fais-tu pour subsister ? »

« J'erre, âme désespérée,
Et chante soir et matin
De Clémenceau à Verdun. »
« Et, fit dame fourmi,

Cela rapporte gros ? »
« À peine cent euros, mamie. »
« Cent euros par journée,
Placés à quatre et demi,
Exonérés d'impôt... !
Vite, vite, chérie,
Prête-moi ta guitare :
Dès ce soir, je fais mon récital. »

N'est-il jamais trop tard
Pour devenir cigale ?

XII
Le Coucou

Le coucou, c'est connu, fait son nid chez autrui
Sans répit jour et nuit
Il vole ses brindilles
Chez la douce mésange et la pie mercantile.

Ainsi font nos élus au soir de l'élection :
Ils pillent nos maisons
Et séduisent nos filles.
C'est la démocratie cravates et mantilles !
Point ne leur est besoin, pour maçonner leur toit,
De superbes exploits ;
Il suffit qu'ils grappillent
Ça et là, à leur gré, la sueur de nos guenilles.

XIII
La Puce du Président

Une puce volage
Fit ce rêve insensé -
On peut être puce et rêver -
D'étendre ses ravages
Dans le caleçon du Président
De la République.
Espoir sublime et grandiloquent !

« Quelle mouche te pique,
Fit sa commère?
Une puce raisonnable et pas fière
Doit se contenter d'un fessier prolétaire. »
Tout homme à sa fierté ; la puce sur ce point
Égale les humains.
Elle passe, furieuse et gorgée de colère,
Son frac le plus austère,
Prend le premier avion et le dernier taxi,
Saute à l'Élysée par l'entrée de service.
D'un bond elle fut à l'entrée du cabinet :
Le régent somnolait dans cet endroit discret
Où l'on pisse.
Chaude la forge de Vulcain !

La puce à cette vue providentielle,
Faisant son devoir républicain,
Mordit la fesse présidentielle.
L'histoire est officielle :
Elle fit la une du Point.
Je la tiens de la pucelle
Qui me fit grand bonheur
D'avoir le cul pincé par elle.
C'est depuis que j'ai l'honneur
De me gratter sans manière
Et sans discernement
Où se démange le Président.

XIV
L'Usurpateur

Tarzan qui s'ennuyait dans son bois de Bastard
Voulut régenter la faune.
Il se vêtit d'une pelisse jaune,
Se tailla un sceptre de bois noir
Et couronna son front d'ors et de pierreries.
Ainsi paré, il convoqua les animaux.

« - Mesdames et messieurs, mes chers amis,
Je vous ai réunis ce matin pour vous dire
Que désormais je régnerai céans.
- Par qui t'es-tu fait élire,
Fit le singe mécréant ?
- Par le parti de Moi-même ! »

La moindre brindille en frémit d'indignation ;
Le Lion, brandissant son diadème,
Cria à l'usurpation ;
Les Gorilles se scandalisèrent ;
La Girafe, opinant du chef,
Objecta qu'elle refusait tout chef ;

Toutes les bêtes protestèrent
Dans un désordre éblouissant,
Jusqu'à Dame Grenouille
Qui se noya dans sa patouille
- Ultime et sublime soubresaut ! -
En avalant sa propre bile.

Un vieux baudet du Poitou,
Qui paissait solitaire immobile
Dans la clairière paisible,
S'approcha de Tarzan,
Lui ôta sa peau et ses diamants
Et dit : « Ni dieu, ni maître, tu n'es qu'un homme ! »

XV
Le vieux Roi

Un roi malade, aigri, rongé de rhumatismes,
Qui avait gouverné durant plus de trente ans,
Ne voulait point laisser à ses petits enfants
Le pouvoir. En ce monde, à chacun son altruisme !
Abdiquer eût été fléau pire que mort.
Plus le prince est voûté et plus l'âge le blesse,
Plus il tient à sa charge. Ainsi est sa faiblesse :
Le destin du pays suit le cours de son sort.

Ce prince avait connu tous les grands de la terre.
Or songeant quelquefois aux monarques passés
Il se flattait de voir qu'au lieu de trépasser,
Il façonnait toujours l'avenir prolifère.
Oui, ne venait-il point, pour la gloire du pays,
D'entreprendre sans frais des travaux gigantesques ?
Versailles à leur côté était faste grotesque…
Il gouvernait ne respectant que ses avis,
Sans cesse élaborait sa réforme dernière.
Il mourut. On lui fit un bel enterrement
Où se pressa la Cour. Et quand il fut en terre,
On l'oublia. Sic transit ! Ainsi s'en va le vent.

Tu es grand aujourd'hui et ta gloire est obèse.
Que seras-tu demain ? Quelque fumée de braise…

XVI
La vieille Feuille

Une feuille de chêne, respectable et âgée,
Coriace à tout élément,
Avait passé l'an
À sa branche natale amarrée.
Advint la saison printanière.
De jeunes pousses naquirent à ses côtés,
Arrogantes et fières,
Comme jeunesse en est parée.
Elles raillèrent à gorge déployée
Le visage froissé
De leur noble congénère :
« -Dieu ! que tu es laide et fripée.
Nous sommes jeunes et belles.
Notre verdure est éternelle…
- Sotte jeunesse, répondit-elle,
Attendez la fin de l'été.
Que sera votre virginité
La saison des amours passée ? »
Vient le temps des chrysanthèmes.

En moins d'une semaine,
En dépit de toutes prières,
De vertes à blêmes
Passent nos belles jacassières.
La vieille avait raison :
Après l'été, c'est la morte-saison.

XVII
Les trois Matous et le Souriceau

Trois chats nantis de Pau,
Dans la force de l'âge,
Convoitaient sans partage
Le même souriceau.
Le premier des rivaux,
Expert en brigandage,
Despote de passage,
Jamais ne disait mot.
Le second, le plus beau,
Brillait au bastingage ;
Son fier marivaudage
Vous caressait à chaud.
Notre ultime félin,
Greffière au doux pelage,
Cachait sous son corsage
Un appétit sans faim.
Donc nos trois chats, drapés
De vertu républicaine,
Voulaient tous trois croquer
Dame souris sans gêne.

Les crocs bien acérés,
Les griffes sous mitaine,
Comme croquemitaine,
Ils l'allaient dévorer.
« Halte, s'écria-t-elle.

S'il faut être mangé,
Forme il faut respecter
Et constitutionnelle :
Le peuple doit voter.
À l'issue du suffrage,
En guise de fromage,
L'élu m'ira croquer. »
    Nos Vominagrobis
Un temps se regardèrent.
C'est ainsi qu'ils lâchèrent
La finaude souris.
Un matou de gouttière,
Qui chassait au Hédas,
La saisit et croqua
Sans scrutin populaire.

Élus, gent désinvolte,
Quand le peuple tenez,
Sachez le museler
De peur qu'il se révolte

XVIII
Le jeune Maraudeur

Le pauvre est un vaurien.
Il traîne dans la rue ses chausses rapiécées,
Insulte le bourgeois, martyrise les chiens,
Colle son nez crotté aux vitrines prisées.
Tu le connais, lecteur.
Non ? Es-tu sûr ? À ce récit, prête l'oreille.

Il était une fois - l'histoire est sans pareille ! –
Un jeune maraudeur
Nourri par la misère ;
Maigre comme un hareng, il avait oublié
De grossir. Son ventre un jour fut en colère :
« - J'ai faim, hurla l'organe avec un ton sévère !
- Moi, aussi, fit le môme en sa naïveté.
- Je me meurs : trouve-moi à manger. »
En cette charge, un ventre a toute autorité :
Vassal obéissant, l'enfant s'en fut voler.
Hélas ! pris au collet, il fut fait prisonnier :
Six années de galère
Fut le prix à payer.
À coupable misérable, juge sévère !

La fable est édifiante et la morale honnête
(Il la faut enseigner à tous nos chers petits) :
Qui va voler un œuf pour faire une omelette
N'a pas grand appétit.

XIX
Le Singe et Renard

Un jour un singe apostropha Renard :
« Bel ami, lui dit-il d'un ton affable,
Ne te serait-il point agréable
De te débarrasser sans retard
D'une partie de ta queue ? Elle traîne
Comme un faubert hideux derrière toi ;
Dans sa course, de-ci de-là, entraîne
Des ordures. Cet immonde charroi
Nuit à ton prestige. Elle est bien trop grande,
Vois-tu, et trop pesante aussi.
Partageons-là comme font deux amis :
À chacun son fardeau en houppelande !

Maître Renard dénie, non sans raison,
Qu'on lui ôte partie de sa personne.
« Ta proposition, fit-il, est bonne,
Je l'eusse acceptée en autre saison.
Veux-tu qu'en hiver j'aille par le monde
Le cul nu comme toi ? Non merci !
Ma queue est aussi lourde que blonde,
Mais elle est mienne et je la veux ainsi.

Va-t-en demander sans manière
Au Lion qu'il sacrifie sa crinière. »

Tout bel usurpateur exhibe sans péril
Au cul de Quinaud la queue de Goupil.

XX
Le Chien et le Rhinocéros

Un chien dans sa niche rongeait un os
(car que faire en sa niche à moins que l'on ne ronge ?)
Vint à passer un rhinocéros.
« C'est un songe !
Quoi ?
Barète le mammifère périssodactyle,
Dois-je croire ce que je vois ?
Ronger un os, c'est futile !
Meilleure est la moelle qui gît à l'intérieur.
Toute coquille contient amande. »
Le chien, piètre rieur,
Croque l'os pour qu'il se fende,
De telle sorte qu'il perd
Et fricot et dessert.

J'en connais nombre qui pour rêve de trésor
Ruinèrent femme, enfants, famille...
Nous avons tous un Mascarille
Pour crever la poule aux œufs d'or !

XXI
Le Loup et monsieur Seguin

Un loup qui avait lu Daudet
- Toutes les bêtes ne sont sottes -
Cherchait partout dans la forêt,
Dans les fourrés, sous les futaies,
Là où bruissent les gélinottes,
La chèvre de monsieur Seguin.
Où vit-elle ?
Que fait-elle ?
Sire loup rongeait son frein.
« Chèvre n'est ce qu'elle était,
Songe cet âpre philosophe. »
Et le voici qui apostrophe
La race caprine.
Au volant de sa belle limousine,
S'en vient monsieur Seguin.
D'un bond notre coquin
Saute dans la berline
Et fait, sans embarras,
Du paysan son frugal repas.

Que tu sois citoyen chèvre ou berger,
Philosophe, poète ou musicien,
Tu trouveras toujours sur ton chemin
Quelque aimable loup pour te dévorer.

XXII
Le Lion, le Bœuf et la Brebis

Sire Lion est sans pitié
Et ses édits sont respectés.
Nommé juge d'une querelle
Que sieur Brindoine,
Le bœuf,
Avait requise l'an neuf
À sa voisine demoiselle
Blanchette, la brebis
-Elle lui devait, selon lui,
Rien moins que deux boisseaux D'avoine -,
Maître Lion dont le patrimoine
Avait depuis peu grossi
Grâce aux présents du requérant,
Condamna la brebis sur le champ
À payer au gros bœuf bien tendre
Trois quintaux de froment.
Avant soleil au firmament,
Brindoine s'en vient prendre
Son dû. Il reçoit pour tout blé
La corne de la belle endiablée.

Ce que peur fait promettre,
Raison peut le méconnaître.
Quand vient l'heure de servir,
Il nous faut souvent désobéir.

XXIII
Le Lion généreux

Un lion généreux et courtois
(Il en fut autrefois)
Affichait grise mine
D'avoir mauvaise réputation
Et gloire assassine.

« Quoi ! c'est un affront !
Je suis un prince magnanime
Qui ne tue que par nécessité,
Jamais par cruauté.
Que le monde est ingrat !
Je suis né auguste,
On me dit Caligula ;
Si j'étais moins injuste,
Me nommerait-on Attila ? »

Souvent le jugement des hommes
Tient à leur mauvaise foi :
L'aspect tient lieu d'emploi,
La gueule de diplôme.

XXIV
L'Alchimiste

Un alchimiste avait trouvé
La pierre philosophale.
Au lieu de l'aller clamer
D'une voix triomphale,
Il se tut.
(Silence toujours est vertu !)
Clos dans son laboratoire,
Nuit et jour et jours et nuits,
Il fabriqua de l'or, pour lui.
Riche, il transforma sa vie :
Il fut aimé, courtisé,
Honoré, craint, décoré,
Élu à l'Académie
Béarnaise,
Intime du président...
Cul assis entre deux chaises,
Fut-il heureux pour autant?

Qu'est-ce qu'honneurs et largesses,
Entregents, gloire et richesse ?
Il y a plus de trésors
Dans la tête
Du poète
Que dans tous vos coffres-forts.

XXV
Le Roseau et le Chêne

Le roseau dit un jour au chêne :
« - Ne croyez-vous pas que La Fontaine
À dramatisé la situation ?
Vous êtes vigoureux comme une nation,
Fort comme dix bœufs à l'ouvrage.
J'ai peine à imaginer
Qu'on puisse vous déraciner,
Même s'il se lève vent d'orage !
- Votre sollicitude, fit le titan,
Me touche. Oui, la fable est trompeuse ;
Et pour le prouver j'attends
L'occasion heureuse
Où le fils du nord
Daignera redoubler ses efforts
Afin de me rompre l'échine. »
À ces mots les cieux déchirent leurs flancs
Et, saisis de fureur jacobine,
Délèguent le plus terrible de leurs vents.
Le feuillage trésaille ;
Le tronc frémit ;
L'arbre ne se rend point à l'ennemi.
Ce furent vaines représailles !

L'orage ayant cessé,
Deux bûcherons vinrent embaucher :
De leurs haches sanguinaires,
Ils coupèrent
Le chêne en multiples fagots.

Les postes les plus beaux
Sont de faibles trophées;
Aux suffrages des gueux,
On doit leur destinée.
Tel sera miséreux
Qui fut hier glorieux.

XXVI
La Fourmi et le Maçon

Une fourmi admiratrice
Vit un jour un maçon
Qui bâtissait une maison.
La fourmi est constructrice,
C'est là son moindre défaut !
Elle s'élance sur une pierre,
Grosse comme un escargot,
L'empoigne, la soulève de terre,
Esquisse quelques pas et… las ! la mort
Vint la surprendre à cet effort.
Dieu fit des gros et des maigres,
Des faibles et des forts ;
Ceux qui convoitent sont des aigres,
Ils méritent toujours leur sort.

XXVII
Le Bœuf à la mode

Deux beaux et vaillants bœufs,
Natifs de Béarnie,
Par un licol unis,
Tiraient une charrue,
L'un à dia, l'autre à hue.
C'était deux faux amis,
Vaillants et besogneux,
Mais sans cesse en querelle,

Car ils étaient tous deux
Amoureux
De la même pucelle.
Las, le cultivateur,
Déçu de leur ouvrage,
Eut un accès de rage
- Tout homme a ses humeurs ! -
Il livra promptement,
Sans discours ni saillie,
Nos bœufs en boucherie.

Il n'est pas de rivalité,
Fût-elle dépit amoureux,
Qui ne mérite - c'est heureux -
De finir en pâté.
Vous qu'unit une belle amitié,
Oubliez vos querelles,

Soyez toujours unis, toujours amis.
Ainsi le cœur des belles
Vous restera promis.

XXVIII
L'Ânesse et les deux Baudets

Une ânesse avait deux amants
Qui rivalisaient de serments.
Cependant le cœur de la belle
Se voulait une citadelle
De vertu.
Nos cupidons perdus
Devant tant de résistance
Redoublèrent de préséances.
Hélas ! rien n'y fit :
La belle toujours faisait fi.
Il n'est point de forteresse,
Qui par un siège rigoureux,
Ne tombe aux mains des valeureux.
Un jour donc la douce ânesse,
Émue de tant de civilités
- Vertu n'est point austérité ! -
Sombra dans le marivaudage
Et fit l'amour aux deux baudets
Qui de la sorte inauguraient
Leur propre cocuage.

Perspicace lecteur,
N'y cherche point malice :
De nos députés en lice,
Toute ressemblance serait erreur !

XXIX
Le Bedeau et sa cloche

Un bedeau, fier de sa natale cloche,
Se prenait pour le meilleur sonneur
Du Béarn. Gouvernant dièses et croches,
Il sonne, sonne de tout son cœur.
Quelle joie de le voir à l'ouvrage !
Le curé en était tout remué :
« Dieu, s'écriait-il, est juste et sage ;
Il sait, dans sa grande charité,
Donner de la joie au misérable.
Mon bedeau et sa cloche sont gais.
N'y voyez-vous pas l'un des effets
De la Providence charitable ? »
La Providence ayant entendu
Les paroles de ce bon apôtre,
Fatiguée de l'un, lasse de l'autre,
Pour éviter tout malentendu,
Fit fondre la cloche en un canon
Plus gros que Berthe de Mayence.
Depuis lors notre maître sonneur
Se prend pour le plus grand artilleur
De France.
Il canonne, canonne, nom de nom !

XXX
L'Écrevisse et sa fille

Dame Écrevisse un jour eut une fille
Qui fut la honte de la famille,
Car elle marchait à reculons.
« -Quoi ? dit-elle courroucée,
Est-ce ainsi qu'une crustacée
Suit de sa mère les leçons ?
Vous ne faites que reculer
Et vous allez
En tout lieu la queue en arrière !
- Y a-t-il une autre manière,
Fit l'ingénue ? – Oui : En avant ! »
Et pour le bien enseigner à l'enfant,
De reprendre sa triomphale marche.
On glose encore de sa démarche...
Tel qui souvent censure autrui
Se doit de balayer chez lui.

XXXI
La Feuille et la Racine

La feuille qui badine au sommet de sa branche,
Qui tient salon, se maquille et au moindre vent
Danse le menuet et fait des entregents,
Qui, par coquetterie, va ondulant la hanche,
Ignore les tourments dont souffre nuit et jour,
Dans la terre stérile et inhospitalière,
La racine soumise aux tortures des pierres.
Elle est roide, tordue et ses membres sont gourds,
Noueux comme un bossu, laids comme la pègre...
Dans sa fange pourtant, l'ouvrier des ténèbres
Touchant d'un doigt fiévreux le tombeau des géants,
Par son labeur obscur, sa tâche formidable,
Donne au fruit sa saveur et son sucre à l'érable,
Fait éclore la rose à l'ombre des gisants.

XXXII
Le Mulet jeune marié

Un mulet ayant pris femme
Convia sans formalité
Tous les animaux de la cité,
Du plus noble au plus infâme,
À un festin de Césarion.
La fortune de l'amphitryon
A ce banquet fut consacrée.
Quand la ruine d'Aliboron
Vint aux oreilles de la mariée,
Elle prit le large
Aux bras d'un bel étalon
De passage.

La prodigalité est vice suprême.
Puisqu'il vous le faut dire en un mot :
Toujours le dernier des sots
Sera pape au soir de son baptême.

XXXIII
Le Vent paraclet

Dieu un jour fit un pet.
Les anges stupéfaits
Sourirent.
Si le maître des cieux
Outrage ainsi les lieux,
Que dire ?
Pierre fit à Matthieu :
« C'est indigne de Dieu,
Sénile ! »
Jéhovah, très gêné,
Aurait bien détourné,
Habile,
La conversation.
Mais toute l'attention
Des âmes, ma foi,
Était rivée sur lui...
Être dieu quelquefois
Cela nuit
À la fortune.
Mieux vaut, je vous le dis,
Un trône sous la Lune !

XXXIV
L'Étalon

Pégase séduit maintes dames ;
Sa figure fait qu'elles se pâment ;
Et je connais bien des garçons
Qui aimeraient être étalon.
Jamais, hélas, Dame Nature
N'y donnera son consentement :
Le mâle sera rarement
Appareillé de belle parure.

Jadis, il en fut un néanmoins
Qui possédait force virile
À féconder les plus stériles.
Aucune belle par ses soins
Demeurait déesse insensible,
Et la pucelle sur ce point
Devançait même la catin.
Le moine jure sur sa bible
Et les femmes sur leur vertu ;
Au pays, chose singulière,
On ne jurait guère !

Hélas le destin est obtus :
Fille perdue, femme adultère,
Toutes finirent au dispensaire.
Dieu est sévère sur ce point :
Qui trop embrasse à mal aux reins.

L'édifiante leçon
S'adresse aux seuls garçons
- C'est eux que j'apostrophe -,
Car en cette matière
La femme est philosophe
Et l'homme a pied à terre.

XXXV
La guerre des Rats et des Fourmis

Un jour, le peuple des fourmis
Partit en guerre
Contre le peuple des souris.
Ils se disputaient un fier arpent de terre.
Ce fut un combat de titans
Sans vainqueur ni perdant :
Les deux armées
S'étant généreusement décimées.
À l'issue du génocide,
Les généraux
Fourmis et souriceaux
Se réunirent sous l'égide
Des Nations Unies.
Il y eut maints embrassements,
Révérences, entregents.
Enfin la paix fut définie.

L'accord était parfait,
Chacun s'y trouva satisfait.

On enterra les corps,
Dressa un monument aux morts,
Fit un hymne solennel,
Déclara férié le huit mai,
Offrit un grand dîner de têtes
Très officiel.

Ce fut vraiment la fête !

En vérité, on peut le dire
(Nul ne pourra me contredire),
La guerre a toujours contribué
Au bonheur de l'humanité.
Ou – chanté d'une autre manière
Sans que la chanson ne heurte –
Toujours la musique militaire
Adoucira les meurtres.

XXXVI
La Bergère et le Loup

Un loup naguère amoureux d'une bergère
Épargnait ses moutons pour ne point lui déplaire.
Il jeûnait tout le jour, veillait toute la nuit,
Devint tout maigrichon et d'amour dépérit.
Il rôdait dans les bois, reins brisés, queue en berne ;
Son ventre creux hurlait l'écho de la caverne.
C'était pitié de voir la maigreur de ce fou !
L'amour qui détruit tout n'épargne pas le loup.
Quand il ne fut, hélas, que l'ombre de lui-même,
La Bergère lui dit : « Si tu veux que je t'aime,
Rends-toi dans ma chambrette au coucher du soleil.
Prends garde de troubler personne en son sommeil.
Je serai toute à toi dans l'extase divine. »
A ces mots, notre loup que la joie hallucine,
Pousse un cri de dément. Son âme, ivre d'amour,
Ne connait plus la peur. Son cœur, beau troubadour,
Fredonne la chanson du bel épithalame,
S'étourdit dans l'ivresse de sa flamme.
Vint le soir. Sans un bruit, à pas de loup, feutrés,
Il entre dans les draps et croyant embrasser
Sa conquête amoureuse, il embrasse le piège
Que la Bergère y avait placé en fin stratège.

Les baisers les plus doux ne sont pas les meilleurs.
Le Loup le découvrit pour son plus grand malheur.

Amants, faibles amants, méfiez-vous de la dame
Qui s'offre à tout venant et dont le cœur s'enflamme
Au moindre mot d'amour à vos lèvres volé,
Au plus doux des soupirs dans vos bras dérobé.
La brindille s'enflamme où le feu la dévore
Et l'épine est cachée dans la fleur qu'on déflore.
L'élue de votre cœur saura vous le montrer :
Toujours femme sera, faut-il le révéler,
Une aimable égérie qui porte en souveraine
Le masque de Médée sous le voile d'Hélène.

XXXVII
L'Orang-outang

Un vieil orang-outan,
L'air bourru, maugréant,
Avait fait la conquête
D'une jeune coquette
- L'amour a ses doux maux ! -
De la tribu cercopithèque.
On ne sut comment ce quinaud,
Laid comme un boyard tchèque,
Avait séduit ce cœur
Aux sourires moqueurs.
Toujours est-il que le mariage
Fût célébré dans la forêt.
Tout le gratin paraît
Sans aucun barguignage.
Parmi les invités
Un sajou frénétique -
Don Juan de société
Et cousin d'Amérique -
Invita la mariée
À quelque danse érotique
Qui fit la belle chavirer.
Ainsi la nuit de noces
Se finit en divorce.

Vieux fous au cœur ardent,
Cessez d'être grotesques.
Les filles de vingt ans,
De vos appas simiesques,
N'aiment pas le ragoût.
Décembre n'est pas août.

XXXVIII
Maître Pierre

Maître Pierre, astronome amateur,
Avait une lubie :
Il voulait, en tout bien tout honneur,
Conquérir la Lune en son nid.
C'était là sa douce fantaisie.
Il en songeait le jour, il en rêvait la nuit.
Comme son épouse ronfle comme un saxon,
Il se lève à minuit, prend son hameçon,
Tout son attirail de pêche
Et s'installe au balcon,
Le nez dans les comètes.
Sentant soudain une résistance au fil,
Il tire, s'agite, s'impatiente, il
Fit si bien qu'avec son hameçon
Vint une tuile faîtière.
Toute cette agitation
Éveille la commère.
Je vous laisse apprécier
Le savon qu'elle passa à sa moitié
Quand ils durent laver leur linge.

L'avare se paye en monnaie de singe ;
Les châteaux en Espagne sont au rêveur ;
L'édile en promesse est flatteur ;
Quant au naïf, il comptera toujours ses thunes
En quartiers de Lune.

XXXIX
Perrin Dandin

Un jour, Perrin Dandin, juge de son état,
Grand dadais bien dodu, fut pris par la débauche.
On ne lui connaissait, en vertueux magistrat,
Aucune relation. Il vivait à la cloche
Côté du caleçon, si l'on peut dire ainsi.
On ne le voyait pas chez madame Ninette
Bien qu'il eût quelquefois une rare fringuette.
Il s'était converti à la masturbation.
L'eau passa sous les ponts, excusez l'expression.
A bientôt cinquante ans, fougueux célibataire,
Il prit femme. Ou plutôt – la chose peut se faire –
C'est elle qui le prit par un beau soir de mai.
Comment se fit la chose ? On ne le sut jamais ;
L'alcôve a ses secrets. La dame était alerte
Et le gros magistrat vit ces cuisses expertes
Engouffrer sa vertu comme on trinque cul-sec.
Perdre son pucelage est belle chevauchée !
« Maman ! » s'exclama-t-il la chose consumée.
Ce cri fut déchirant, un vrai râle de mec,
Qu'on entendit, je crois, au palais de justice.
Il remit le couvert avec rage et fureur,
Besognant comme un âne, écrasant l'âme sœur
Qui étouffa sous lui. On sonna la police.

Il fallut trois gaillards pour dégager le corps
De la pauvre épousée. « Maman ! » pleura le juge.
On l'arrêta. On le jugea. Que de grabuge !
La rue aurait voulu qu'on le condamne à mort
Ou qu'on rouvre pour lui le bagne ou la galère.
Las ! Mâme Taubira s'opposa à l'affaire.

Il fut donc condamné à porter bracelet.
À la cheville ? Point ! Et nenni au poignet !
C'est au membre pénien qu'on scella l'alliance.
Par cet arrêt viril, la veuve eut sa vengeance.

Jeunes gens, n'entrez pas dans ce genre d'exploit :
Qui hante la fontaine à la source se noie.

XL
Le Cheval et ses ouailles

Les sabots dans la barthe,
Le petit cheval,
Belle allure de caporal,
Sobre comme un Bonaparte
S'en va cahin-caha
Vers le royaume de Sparte.
Une famille d'oies,
Le voyant caracoler,
Se dit : il est grand temps ma foi
Nous aussi de voyager.
C'est ainsi qu'elles suivirent
Le petit cheval
Au bout de son délire.
Mais au pays des spartiates,
L'on aime bien le ragoût chevalin
Poêlé à la graisse d'oie...
Amis joueurs du coin de l'âtre,
Si vous voulez faire le malin,
Ne misez pas sur le mauvais cheval.